DESCRIPTIONS

DES ARTS

ET MÉTIERS.

DESCRIPTIONS
DES ARTS
ET MÉTIERS,

FAITES OU APPROUVÉES

PAR MESSIEURS

DE L'ACADÉMIE ROYALE
DES SCIENCES.

AVEC FIGURES EN TAILLE-DOUCE.

A PARIS,

Chez { SAILLANT & NYON, rue S. Jean de Beauvais;
DESAINT, rue du Foin Saint Jacques.

M. DCC. LXI.

Avec Approbation & Privilége du Roi.

L'ART
DE
L'HONGROYEUR.

Par M. DE LA LANDE, *de l'Académie Royale des Sciences.*

L'ART DE L'HONGROYEUR.

Par M. DE LA LANDE.

ON APPELLE *Hongroyeurs*, quelquefois *Ongrieurs* *, ceux qui préparent les Cuirs avec l'alun & le suif. Cette méthode qui est venue de Hongrie, il y a plus de 200 ans, est très-utile pour les Arts, & nous la décrirons avec soin **.

1. Le cuir de Hongrie est un cuir fort, qui a trempé dans l'alun & le sel, & qui a été imbibé de suif. L'alun & le sel servent à passer le cuir, c'est-à-dire, à lui ôter la graisse & la gomme naturelle qui le rendroit trop sujet à se ramollir par l'humidité, à se durcir par l'exsiccation, à se corrompre par la chaleur. Le suif qu'on y met ensuite lui donne une onctuosité & une souplesse qui le rend propre aux ouvrages des Selliers & des Bourreliers.

2. On prétend que la méthode du cuir de Hongrie fut apportée primitivement du Sénégal (en Afrique), vers le milieu du seizieme siecle, il y a environ 200 ans, par un nommé *Boucher*, fils d'un Tanneur de Paris. On y travailla dans le même temps en Hongrie, & les cuirs de ce pays-là eurent le plus de réputation. En 1584, deux Ouvriers Allemands ou Lorrains nommés *Lasmagne & Amand* vinrent travailler à Neufchâteau en Lorraine, à S. Dizier en Champagne, & enfin à Paris où ils firent le meilleur cuir ; ce furent eux qui apporterent l'usage des faulx, pour raser les cuirs. M. Colbert envoya

* Le Dictionaire du Commerce écrit *Hongrieurs* ; mais je m'en tiens à l'orthographe du Dictionaire de l'Académie Françoise, édition de 1762, où on lit *Hongroyeurs*.

** J'ai été guidé dans la description de cet Art par les Mémoires qu'a bien voulu me donner M. Barrois Directeur & Intéressé de la Manufacture de S. Hippolyte, à Paris, & par les conseils de M. de Rubigny de Berteval, Me. Tanneur-Hongroyeur, rue Censier, l'un des plus occupés & des plus habiles, qui m'a communiqué tout ce qu'il y a de plus intéressant dans son Art.

dans la suite en Hongrie même, un nommé *La Rose*, homme habile dans la connoissance des cuirs, pour mieux connoître ce qui faisoit la réputation ou la qualité des cuirs faits en Hongrie.

En 1698, il se forma une Manufacture de cuir de Hongrie, à S. Cloud, près de Paris; les cuirs se rasoient dans des bateaux, & se rinçoient dans la riviere: ce fut alors que cette sorte de cuir acquit le plus de réputation. En 1702, la Manufacture se transporta à la Roquette, Fauxbourg S. Antoine; mais bientôt les Jardiniers du Fauxbourg prétendirent que les eaux qui en venoient faisoient tort à leurs légumes. On représenta aussi à la Maîtrise des Eaux & Forêts, que l'on devoit écarter de la Seine cette sorte de fabrication; les Entrepreneurs furent obligés de se transporter à S. Denys près Paris.

Le cuir de Hongrie parut mériter d'être favorisé. En conséquence, le Roi qui, par un Edit du mois de Janvier 1705, avoit créé des Offices de Jurés-Hongroyeurs pour faire seuls, à l'exclusion de tous autres, le cuir façon de Hongrie, donna le 17 Mars, des Lettres-Patentes qui unirent ces Offices à la Manufacture de S. Denys, en sorte qu'elle se trouva seule autorisée à faire cette préparation. Tous ses cuirs étoient marqués en travers avec une roue tranchante qui imprimoit sur tout le cuir les mots de *Manufacture Royale de cuir de Hongrie de S. Denys.* Cette Manufacture de S. Denys subsista jusqu'en 1716; après quoi l'on rétablit la libre fabrication des Cuirs de Hongrie.

3. On peut hongroyer toutes sortes de cuirs; mais on préfere les grands cuirs de bœufs; les vaches passées en blanc n'ont pas assez de consistance: les Bourreliers ne s'en servent que pour faire la couture, c'est-à-dire, pour assembler les pieces, pour faire des fouets & autres ouvrages qui exigent peu de force & d'épaisseur.

Les bœufs du Limousin sont réputés fournir les meilleurs cuirs de la France; ils sont plus nerveux & plus égaux dans leurs différentes parties; on ne met aucune différence entre les fleurs noires ou blanches quant à la qualité, c'est-à-dire, que les cuirs des bœufs noirs ou blancs s'emploient indifféremment; mais on préfere les bœufs aux vaches & aux taureaux *: le cuir

* J'avois dit dans l'Art du Tanneur, que les cuirs de taureaux étoient estimés, & qu'ils avoient de la force. Un Tanneur, que j'ai appris être M. Jean Auffray, le jeune, qui demeure sur le Pont-aux-Biches, assure, dans le Journal Economique de 1765, que les peaux de taureaux sont de la plus mauvaise qualité dans tous les apprêts. J'observerai cependant, au sujet des grands cuirs du Bresil qui sont très-estimés, que dans les campagnes voisines de Buénos-aires d'où l'on transporte chaque année trente mille cuirs, on ne prend que les peaux de taureaux. (Relation des Missions du Paraguai, traduite de l'Italien de M. Muratori, à Paris, chez la veuve Bordelet, 1757, pag. 348). M. Auffray se plaint encore de ce que je n'ai point donné les Statuts des Tanneurs enregistrés en 1741; mais ces Reglemens ne concernent point la fabrication des cuirs; ils ne contiennent que des détails d'administration, qu'on pouvoit regarder comme peu intéressans pour le Public. J'aurois voulu pouvoir satisfaire ici à un plus grand nombre d'objections: mais tout le reste de la lettre dont il s'agit, n'est qu'une déclamation vague dont je n'ai pu tirer aucune lumiere. M. Auffray n'a point compris le sens de ce passage de Quintilien: *Felices essent Artes, si de illis soli Artifices judicarent;* ou du moins il en a fait, ce me semble, une bien mauvaise application. Il ne peut rien arriver de plus favorable aux Arts, que d'être examinés & approfondis par les personnes qui sçavent réfléchir, comparer, analyser &

de taureau eſt ſpongieux ; il eſt gourmand , c'eſt-à-dire , qu'il prend beaucoup d'apprêt.

On paſſe auſſi beaucoup de cuirs de chevaux ; mais il s'en trouve rarement qui ſoient forts ; il eſt même défendu aux Bourreliers de s'en ſervir pour les ſoupentes. Le cuir de cheval eſt creux , ſpongieux , s'allonge à la pluie , & ſe rétrécit enſuite , parce qu'il prend peu de ſuif : nous en parlerons ſéparément (62).

4. Il n'y a pas de cuir plutôt fait que le cuir de Hongrie. Dans certaines Provinces, on le fait en été, dans l'eſpace de huit jours ; mais c'eſt précipiter les opérations ; on doit y mettre au moins quinze jours : ſouvent il faut deux mois pour l'amener à ſa perfection ; & ſi l'on y en mettoit davantage, on ne feroit que mieux.

Malgré la promptitude de l'opération , ce cuir a des avantages conſidérables ſur le cuir fort tanné , à qui la fermentation ou la chaux ôtent toujours un peu de ſa qualité , & dont la fleur n'eſt jamais ſi entiere , parce qu'on la fait attendrir pour débourrer les cuirs ; au contraire dans le cuir de Hongrie tout contribue à raffermir la fleur , & à lui donner du moëleux ſans en altérer le tiſſu.

5. On préfere le printemps & l'automne pour faire ce travail : le froid empêche que le ſuif ne pénétre , & le fait reſter ſur la ſurface du cuir. En été le ſuif eſt trop coulant , & ne s'affermit pas aſſez dans le cuir , ſur-tout quand les nuits ſont trop chaudes : ainſi les mois de Mai & de Septembre ſont les plus favorables à ce travail ; cependant on peut le faire en tout temps.

A meſure que les cuirs frais arrivent chez l'Hongroyeur, on les paſſe : c'eſt un des avantages des cuirs hongroyés , que celui d'être travaillés tout frais ; ils n'attendent point ; ils n'ont pas le temps de fermenter & de s'échauffer ; la fleur en eſt ſaine & entiere , & les cuirs conſervent toute leur force. Pour cette raiſon, les Hongroyeurs de Paris ont de l'avantage ſur ceux de la Province, en ce qu'ils ont toujours promptement des cuirs frais en abondance ; ils ne ſont pas obligés de les attendre & de les recevoir l'un après l'autre.

Travail de riviere.

6. Aussi-tôt que les cuirs frais ſont arrivés de la boucherie chez l'Hongroyeur, on les écorne ; on les fend en deux ; s'ils ſont crottés, on les décrotte avec un coûteau rond, ou avec une faulx, en les mettant ſur le chevalet ; on les écharne enſuite légérement pour ôter ſeulement les graiſſes & les plus groſſes chairs.

Lorſque le cuir eſt écharné , on le rince dans la riviere en deux ou trois

décrite ; & certainement ce ne ſont pas les Ouvriers. Quintilien vouloit dire qu'il ſeroit avantageux aux Arts que les gens riches qui en ſont les protecteurs & les juges , fuſſent un peu Artiſtes.

coups de main, pour en ôter le sang & le gravier qui pourroient s'y trouver; puis on le rase; on le débourre: ce travail de riviere se voit en *A* dans le lointain, sur la Planche de l'Hongroyeur.

7. Il y a des cuirs que l'on débourre après avoir déraciné le poil par le moyen de la chaux & du plein (voyez l'Art du Tanneur, pag. 8); mais cette méthode affoiblit les cuirs; c'est pourquoi l'usage le plus ordinaire est de les raser avec une faulx qui coupe bien, & qu'on prend soin de ne point forcer. Il y a des cuirs très-difficiles à raser, sur-tout en hiver: on doit apporter un grand soin à cette opération, faire une couche sur le chevalet avec d'autres cuirs doubles, ou pliés en deux, & prendre garde qu'il n'y ait sous la chair aucune inégalité qui puisse faire des plis ou des bosses, que le coûteau enleveroit: on a soin d'abattre le poil avec le dos de la faulx, & on la promene à rebrousse poil: on ne peut raser que 12 à 15 cuirs dans un jour, lors même qu'ils se rasent facilement. Cette opération d'écharner & de raser produit une odeur forte & désagréable.

8. Quand les cuirs ont été rasés, on les met tremper dans la riviere pendant 24 heures pour les bien dessaigner; à cet effet, on les attache à une corde par les trous des yeux, ou par ceux des cornes. La riviere des Gobelins est si fort infectée par les immondices, que l'on évite de s'en servir. On les met à dessaigner dans des baquets pleins d'eau; on les y laisse trois jours en changeant d'eau une fois le jour, si c'est en hiver, & deux fois le jour, si c'est dans les chaleurs, de peur que l'eau infectée par les matieres animales ne corrompe les cuirs. Le dessaignement dans les baquets est beaucoup plus long que dans la riviere, où le courant nettoie & entraîne les immondices; on pourroit, sans inconvénient, les laisser dessaigner un ou deux jours de plus; ils en seroient plus doux au travail.

Après avoir été trempés & dessaignés, les cuirs se mettent en égout pendant l'espace de deux ou trois heures sur des perches ou sur un chevalet, & ils sont prêts à être mis en alun.

De l'Alun.

9. L'ALUN sert à donner de la force aux cuirs, à les préserver de la corruption: la quantité d'alun qu'on emploie, est d'environ 6 livres pour un cuir de 90 livres *en raie*, c'est-à-dire, marqué 90 livres lorsqu'il étoit frais & vert; mais il ne faut que 5 livres pour un cuir de 70.

10. L'alun est un sel dont les crystaux ont 8 faces, à peu-près comme des pyramides triangulaires dont on couperoit les angles.

Il est astringent, il se fond au feu, il se dissout dans l'eau chaude, à la quantité de 14 fois le poids de l'alun; il est composé d'un acide sulphureux ou vitriolique, & d'une terre qui est argilleuse, suivant M. Pott dans sa Lithogéognosie, & métallique,

& métallique, ſuivant M. Baron (Mémoires de l'Académie de 1760).

On trouve de l'alun tout formé dans le charbon de terre, dans des ardoiſes, dans des pyrites; mais il eſt preſque toujours impur & mêlé de matieres étrangeres. (On peut voir de plus grands détails à ce ſujet dans la Minéralogie de M. de Bomare, tom. 1, pag. 292). On en trouve en Angleterre, en Suede, en France proche Valenciennes, en Eſpagne, & ſur-tout en Italie. L'alun que préferent les Hongroyeurs, & qui s'appelle *Alun de Rome*, parce qu'on en fait principalement commerce dans les Etats du Pape, ſe tire des environs de Civita-Vecchia, & en partie de la Solfatare, près de Naples, & de Pouzzol. Celui de la Solfatare eſt une terre blanche aſſez ſemblable à de la marne pour la conſiſtance & pour la couleur; on en remplit juſqu'aux trois-quarts des chaudieres de plomb. Par le moyen de la chaleur, la partie ſaline ſe dégage de la partie terreuſe, & s'éleve à la ſuperficie; on la recueille en gros cryſtaux. L'alun, en cet état, n'eſt pas encore aſſez pur; on le fait diſſoudre avec de l'eau chaude, & il ſe fait une nouvelle cryſtalliſation (voy. M. Nollet Mém. de l'Académie pour 1750, pag. 105; voy. auſſi un Mém. de M. de Fougeroux, ſur les Alunieres, qui paroîtra dans les Mémoires de 1765).

11. Cet alun de Rome coûte, à Paris, environ de 10 à 14 ſols la livre; quoiqu'il ſoit plus rouge, & probablement moins pur que celui dont nous allons parler, on le préfere pour le cuir de Hongrie; peut-être que la partie terreuſe & colorante de cette eſpece d'alun eſt néceſſaire pour tempérer la grande ſtypticité de cet alun.

L'alun blanc ou l'alun de roche dont ſe ſervent les Teinturiers pour rendre leurs teintures claires, vives & ſolides, ne coûte que 9 ſols la livre; il eſt plus ſec, plus âcre, plus ſtyptique; il rend le cuir trop roide; on peut en voir la préparation dans la Minéralogie de M. de Bomare, tom. 1, pag. 299. On en prépare en France près des Pyrénées; il y en a une veine abondante qui court ſur terre dans la Viguerie de Rouſſillon; elle a depuis une toiſe juſqu'à quatre de largeur, ſur une longueur de près de quatre lieues.

Il y a un alun de Smyrne plus rouge que celui de Rome, & d'une qualité inférieure: il coûte un tiers de moins; mais il en faut un tiers de plus. On vend auſſi un alun de Liége très-blanc, très-tendre, qui produit à peu-près l'effet de l'alun de glace.

On doit laver avec ſoin les baquets où l'on met l'eau d'alun, ſur-tout il ne faut pas qu'il y reſte de tan ou d'écorce, qui tacheroit les cuirs de Hongrie.

12. A 6 livres d'alun, on ajoûte 3 livres & demie de ſel ordinaire pour un cuir de 90, ou 2 livres & trois-quarts pour un cuir de 70. On emploie à Paris du ſel de morue que les Fermiers délivrent aux Tanneurs-Hongroyeurs le premier Mardi de chaque mois, ſuivant la convention que j'ai rapportée dans l'Art du Tanneur (pag. 5, art. 10); il ne coûte actuellement que

20 livres 4 sols le minot *, c'est-à-dire, environ 5 sols la livre, tandis que le sel de gabelle coûte 59 livres, c'est-à-dire, environ 11 ½ sols; c'est un avantage bien considérable pour les Hongroyeurs de Paris : dans les Provinces on est obligé de se servir du sel de cuisine, & l'on n'y en met qu'une demi-livre ; on y ajoûte, quand on le peut, de la saumure de hareng, & même du sel de verre, quoiqu'il soit défendu.

13. *Le sel de verre* ou *fiel de verre*, est une écume ou une espece de scorie qui se ramasse sur les creusets où l'on fond le verre ; c'est un sel marin mêlé de parties terreuses, & d'un peu d'alkali. Ce sel marin se dégage de la soude ou des alkalis dont on se sert pour fondre le verre, & montant à la surface des matieres fondues, il s'y ramasse en assez grande quantité, pour qu'on en fasse commerce ; on le jette dans l'eau & l'on en forme des pains: il coute beaucoup moins que le sel commun ; voilà pourquoi les Hongroyeurs, en font quelquefois usage ; il rend les cuirs plus pesans que ne fait le sel marin. On peut voir au sujet du sel de verre, un excellent Mémoire de M. Pott dans le volume de l'Acad. de Berlin pour 1748, pag. 16.

14. Le sel adoucit l'âpreté ou la stypticité de l'alun, en attirant un peu l'humidité de l'air ; il conserve au cuir un certain degré de mollesse ; mais on ne doit pas employer trop de sel dans cette opération ; le cuir seroit trop mou, & auroit trop de peine à se sécher ; aussi quand on a peur que les cuirs ne soient *casques*, c'est-à-dire, durs & corneux, on augmente la dose du sel ; & si l'on n'emploie pas assez de sel, on aura un cuir trop roide, qui s'ouvrira trop difficilement dans le travail du grenier.

Aluner les Cuirs.

15. Les Hongroyeurs appellent *une fonte* la quantité de cuirs que l'on peut aluner ensemble, & conduire tout-à-la-fois : on alune des fontes de 5, 6, 9, 12, quelquefois même de 15 cuirs ; mais ordinairement pour opérer avec une vîtesse suffisante, & travailler plus sûrement, on fait les fontes de 9 cuirs. On a une chaudiere emmurée, telle qu'on la voit en *B* dans le haut de la Planche ; elle peut avoir 22 pouces de diametre sur 15 pouces de profondeur dans le milieu ; elle est faite en timbale, ou arrondie par le bas, suivant l'usage ; on met dans cette chaudiere un seau d'eau claire pour chaque cuir ; ces seaux ont environ 9 pouces de diametre, & autant de profondeur ; on y jette 6 livres d'alun & 3 ½ livres de sel pour chaque cuir, comme nous l'avons déja dit ; on fait chauffer cette eau de maniere que l'on ait peine à y tenir la main ou les pieds ; on y met l'alun, & l'on a soin de le remuer, de peur qu'en fondant il ne se mette en masse.

* Le minot de sel est une mesure de 2535 pouces cubes, ou environ 13 ¾ pouces en tout sens ; il pese 100 ou 104 livres poids de marc.

16. Quand le sel & l'alun sont fondus, on met les cuirs qu'on veut passer dans deux grandes baignoires ou cuves ovales, telles que *W* dans le bas de la Planche, qui ont cinq pieds de long, trois pieds de large, deux pieds & demi de haut. Pour passer 9 cuirs, on fait trois *encuvages*, c'est-à-dire, trois opérations séparées en les mettant en alun ; chaque encuvage est de trois cuirs ou six bandes ; on met trois bandes dans une des cuves & trois dans l'autre ; si les neuf cuirs étoient très-forts, on pourroit faire 4 encuvages ; on cuveroit les six meilleurs, deux à deux, pour leur faire prendre la plus grande force de la fonte, & l'on réserveroit les trois derniers qu'on jugeroit d'une moindre nature, quoique peut-être d'égale force.

Les deux cuves étant placées l'une à côté de l'autre, on y arrange les bandes pliées, la fleur en dehors, l'une sur l'autre, la tête de l'une sur la culée de l'autre.

Lorsque l'eau de la chaudiere n'est encore que tiéde, on en prend deux ou trois seaux que l'on verse sur les cuirs d'une des cuves ; si cette premiere eau étoit trop chaude, elle brûleroit, elle griperoit les cuirs ; il faut que la chaleur des eaux aille par gradation, pour que les cuirs ne soient jamais surpris.

17. Un homme entre dans la cuve nuds pieds, en chemise, quelquefois même avec un simple linge vers le milieu du corps, & foule les cuirs dans cette eau d'alun, à grands coups de talon. On leur donne trois tours, c'est-à-dire, qu'on les fait aller trois fois d'une extrémité de la cuve à l'autre. Les bandes, étant plissées à la tête de la baignoire du côté de la chaudiere, on foule plis par plis toutes les parties de chaque bande, & on les fait descendre successivement à l'autre extrémité de la baignoire ; lorsqu'elles y sont, on les fait remonter de même en foulant toujours plis par plis avec force ; enfin on les fait redescendre de la même maniere que la premiere fois : c'est-là ce qu'on appelle *les trois tours*, qui se font tout de suite & sans interruption. Lorsqu'on a donné le premier tour, celui qui foule frappe sur les bandes à grands coups de talon, deux fois sur les dos qui doivent être tous du même côté & une fois sur les ventres ; il donne ensuite le second tour, après quoi il foule encore les cuirs l'un sur l'autre, & de même après le troisieme tour : ces trois tours s'appellent *la premiere eau* : il faut quatre eaux à chaque encuvage. Cette opération n'est pas représentée dans la Planche ; mais on y supplée aisément.

18. Tandis qu'un Ouvrier foule dans une des deux baignoires, un autre met de l'eau chaude dans la baignoire qui est à côté, & avec ses mains il place les cuirs à la tête de la baignoire du côté de la chaudiere, pour que celui qui foule commence toujours par la tête les trois tours qu'il donnera aux trois autres bandes.

Après avoir fait ainsi trois tours avec cette premiere eau, l'on donne la seconde ; pour cela on jette l'eau de la baignoire dans la chaudiere, & l'on en remet de la chaudiere dans la baignoire, pour qu'elle soit plus chaude & plus forte. On fait ainsi quatre eaux pour chaque encuvage de trois cuirs.

19. La quantité d'eau qu'on ôte & qu'on remet chaque fois dans chacune des deux baignoires, est toujours de 2 ou 3 seaux : après la quatrieme eau, les cuirs étant assez foulés, celui qui donne les eaux plie dans la baignoire chaque bande en huit, renversant d'abord la tête sur la culée, & pliant le tout encore deux fois, & il les couche dans un baquet.

Ce foulage est très-nécessaire au cuir de Hongrie pour faire prendre & pénétrer le sel & l'alun : il ne faut pas que l'Ouvrier se ménage ou se néglige ; car les cuirs en souffrent : il faut avoir les pieds bien sains ; car la moindre blessure seroit irritée par la violence du foulage, & le sel y occasionneroit une extrême douleur.

On ne peut faire que 12 encuvages par jour de trois cuirs chacun, chaque encuvage de quatre eaux, chaque eau de trois tours, comme nous l'avons dit : nous parlerons ci-après du repassage qui est encore une semblable opération (22).

20. Il y a des cas où l'on ne peut pas mettre le sel dans la chaudiere en même temps que l'alun, à cause de la difficulté d'avoir le sel, & de l'impossibilité de conserver les cuirs ; alors on y supplée en faisant séjourner ensuite les cuirs dans l'eau salée, après qu'ils ont été passés en alun.

21. Les cuirs, après avoir été foulés dans les cuves, se plient & se couchent dans des baquets, pour y tremper quelques jours ; ces baquets ont communément, à Paris, 2 pieds de hauteur & 2 $\frac{1}{2}$ de diametre ; on met dans chacun ce qui peut y entrer de cuirs. Quand la fonte est finie, c'est-à-dire, que tous les cuirs sont alunés de leurs quatre eaux, on partage les eaux dans ces différens baquets, de façon que les cuirs en soient couverts.

Les cuirs trempent dans ces baquets pendant huit jours ; ce temps est suffisant. Les Hongroyeurs pensent communément que les cuirs ne prennent guere plus de nourriture en y restant plus long-temps ; mais du moins ils n'y courent aucun risque ; & il y a d'autres Hongroyeurs qui pensent que le cuir n'en est que meilleur en y restant plus long-temps ; cela les entretient du moins jusqu'à ce qu'on ait le temps de les repasser : on peut en hiver, les laisser 3 ou 4 mois avant de les repasser, & ils n'en sont que meilleurs ; mais s'il fait chaud, il faut avoir soin de les culbuter dès le lendemain, ou peu de jours après, c'est-à-dire, de les mettre dans un autre baquet, sans les déplier, & de maniere seulement que les cuirs qui étoient dessus se trouvent dessous ; l'on rejette les mêmes eaux par dessus ; il est sur-tout essentiel de les culbuter promptement, c'est-à-dire, de les changer de baquet quand on craint le tonnerre, sans cela les cuirs courroient risque de devenir bleus, de se ramollir, de fermenter, de fermenter, la fleur se sépareroit de la chair, & ils perdroient de leur force.

Repasser les Cuirs.

22. Au bout de huit jours en été, ou si l'on veut, de deux ou trois mois en hiver, les cuirs qui ont été alunés doivent être repassés, c'est-à-dire, foulés pour la seconde fois, & cela se fait comme dans le premier encuvage (17); on les secoue seulement pour les déplisser; on se sert des mêmes eaux que l'on fait chauffer dans la chaudiere; on commence par donner une eau tiéde, & l'on augmente la chaleur peu-à-peu jusqu'à la quatrieme eau; on s'y prend de la même maniere que pour aluner, & quand on a donné les quatre eaux, on recouche les cuirs dans des baquets, comme la premiere fois, pour les y laisser seulement jusqu'au lendemain.

Plus on passe de cuirs dans un attelier d'Hongroyeur, plus ils sont bons, parce que *l'étoffe* est plus forte, c'est-à-dire, que les eaux sont plus alunées, en supposant que les doses d'alun & de sel, aussi bien que la quantité du foulage soient toujours les mêmes.

23. Dans les Provinces où l'on passe de petits cuirs sans beaucoup de précautions, on se contente de brasser & de fouler chaque cuir dans de l'eau d'alun, chaude, & de le brasser pendant quatre ou cinq minutes à chaque fois; on les met ensuite pendant quinze jours en alun, pendant lequel temps on les leve deux ou trois fois pour les fouler avec la bigorne; on les roule sous les pieds; on les tire *à la pomelle* qui est une plaque de bois sillonnée, & ensuite *au liége*, comme font les Corroyeurs; mais les Hongroyeurs de Paris ne se servent ni de bigorne, ni de pomelle (voy. l'Art du Corroyeur).

24. Les cuirs qui ont été alunés & repassés, après avoir été un jour dans les baquets, se mettent pour égoutter pendant une heure ou environ, sur des planches placées en travers des baignoires, pour que les eaux qui en découlent ne soient pas perdues, & puissent servir une autre fois; car elles valent mieux que les eaux crues & nouvelles qu'on pourroit y employer.

Il ne faut pas les laisser égoutter plus d'une heure ou environ; ils pourroient diminuer d'épaisseur & de poids; les cuirs de dessous seroient trop comprimés, & perdroient leur humeur.

Faire sécher les Cuirs & les redresser.

25. On porte au grenier ou au séchoir les cuirs qui sont suffisamment égouttés; on les enfile avec un échalas passé au travers de la culée; on fait pour cela quatre trous à la culée de chaque bande, deux à la patte, un à la

nache (c'eſt-à-dire,entre la queue & la patte) & un à la queue; on paſſe un bâton au travers de ces quatre trous, & l'on pend ainſi chaque bande en faiſant porter les extrémités du bâton ſur deux chevrons. On s'apperçoit alors s'ils ont été bien foulés, ſi le cuir eſt doux, maniable, s'il n'y reſte point de ſang extravaſé.

26. Avant que les cuirs ſoient ſecs, il faut les *redreſſer* ; on les étend par terre ; on retire les échalas ; l'Ouvrier prend une baguette de deux pieds de long ſur 9 lignes environ de diametre, telle qu'on la voit en *Y* ; il ſe met à genoux ſur la bande qu'il plie en deux, la tête & la culée vers lui, la fleur en dedans ; il met la baguette en dedans de la bande, & la pouſſe devant lui en appuyant ſur chair avec les deux mains : par-là il redreſſe la bande, & il forme les plis des pattes, & du brechet, c'eſt-à-dire, de la partie qui eſt entre la patte de devant & le ventre. On commence à redreſſer par le milieu du dos, en allant vers la culée, puis on paſſe le ventre & les trois plis entre la patte & la nache ; on reprend enſuite la bande du milieu du dos allant le long de la gorge juſqu'à la tête, & l'on finit par les plis de la patte de devant & par le brechet.

27. A meſure que les bandes ſe redreſſent, elles ſe trouvent empilées ; car on les redreſſe les unes ſur les autres, & on les laiſſe quelques heures en cet état, pour que les plis ſe faſſent mieux & ne ſe défaſſent point dans les opérations ſuivantes. Il y en a qui les laiſſent repoſer ainſi 12 heures, les autres une heure ou deux ſeulement, par la crainte que la chair ne ſe décharge ſur la fleur, & ne s'y attache trop.

Au bout de ce temps on repaſſe l'échalas dans les quatre trous de la culée de chaque bande, on les reprend comme la premiere fois, & on les laiſſe ſécher parfaitement, ou à peu-près.

28. Quand il fait froid, on ne laiſſe point ſécher les cuirs au grenier, parce que le froid empêche les ſels de pénétrer; il les fait même ſortir de la peau en forme de grain, ou comme un verglas qu'on apperçoit ſur chair & ſur fleur; on eſt donc obligé de les porter dans l'étuve quand ils ſont à moitié ſecs ; on les étend ſur des perches ; on allume ſur la grille une corbeille de charbon (42), ou environ le tiers d'une voie de charbon ; on ferme la porte de l'étuve pendant une demi-heure ; au bout de ce temps-là, on ôte les bandes de deſſus les perches ; on les range l'une ſur l'autre, ſur la table ; on les couvre exactement ; on les laiſſe en cet état l'eſpace de deux ou trois heures ; après quoi on les redreſſe avec la baguette avant qu'ils ſoient parfaitement ſecs & refroidis : afin qu'ils ne ſoient pas ſurpris & durcis par le froid, on ne les ſort que l'un après l'autre, & à meſure qu'on veut les redreſſer : pour les cuirs d'été qui n'ont pas eu d'étuve, le redreſſage ſe fait comme nous l'avons dit.

29. Les cuirs ainſi alunés & ſecs ſe conſervent tant qu'on veut, ſans qu'on

craigne de putréfaction ; on doit seulement les préserver du grand hâle, c'est-à-dire, d'un vent sec & fort, parce que les extrémités seroient trop séches & trop difficiles à travailler ; c'est pourquoi on les empile, & l'on enveloppe la pile avec des toiles, en attendant qu'on veuille les finir, c'est-à-dire, les travailler de grenier & les mettre en suif (36).

Travailler de Grenier.

30. Le travail de grenier consiste à rouler les cuirs pour les ouvrir & les disposer à recevoir le suif : il y a *le travail de premiere* & le *le travail de derniere.* Pour travailler de premiere, il faut que les cuirs soient secs ; s'ils ne le sont pas, on les expose au soleil, en les accrochant par la tête : ils pourroient aussi se trouver assez secs pour être travaillés de premiere, & n'avoir besoin d'être exposés au soleil qu'après ce premier travail. Le soleil les blanchit, ouvre leurs pores & les dispose, aussi bien que le travail de grenier, à recevoir le suif.

Pour travailler de grenier, l'Ouvrier plie son cuir en deux sur un faux plancher de 12 à 15 pieds en quarré, incliné en talus, dont les planches sont posées sur des lambourdes distantes les unes des autres d'un pied seulement, pour donner plus de force aux coups de pied de l'Ouvrier : ce faux plancher se nomme lui-même *Travail de grenier*, quoiqu'improprement.

31. Le cuir étant plié en deux, la fleur en dedans, la tête au dessous, & la culée en dessus, toutes deux tournées vers le haut du plancher, on prend une baguette de 2 pieds de long sur 9 lignes de diametre, bien tournée, sans aucune inégalité, & arrondie par les extrémités ; elle est représentée en *Y* dans le bas de la Planche ; & on la passe dans le cuir. L'Ouvrier met de gros souliers faits de plusieurs semelles épaisses, comme ceux dont se servent les Corroyeurs, & montant sur le milieu de la bande, il la pousse en arriere avec les pieds, en faisant rouler le cuir sur la baguette jusqu'à ce que le bout de la nache soit arrivé sur la baguette. On voit cette action en C sur la Planche de l'Hongroyeur ; l'Ouvrier est appuyé des deux mains sur une perche tendue à hauteur d'appui, pour forcer davantage sur le cuir en le chassant en arriere. Quand la baguette est arrivée à l'extrémité, l'Ouvrier releve la culée sur la tête, comme auparavant ; il remet la baguette dans le cuir, non plus au milieu, mais vers le côté du dos, & roule encore une fois jusqu'au bout de la culée, en frappant avec force sur le cuir, pour le chasser en arriere.

32. Lorsqu'il est arrivé à la culée, il y fait un pli de 2 pieds de long en la rejettant sur le brechet ; il passe sa baguette au dedans, & roule encore jusqu'au bout de la queue ; il plie ensuite la patte de derriere qu'il fait revenir sur le dos, & passant sa baguette, il roule cette partie jusqu'à l'extrémité de la nache.

Il rejette la culée sur la tête, & la fait rouler le long du dos jusqu'à un pied de la culée ; il rejette la culée ſur la tête & la roule juſqu'au bout de la patte ; il renverſe la patte ſur le dos, en faiſant un pli qui prend de la nache au nombril, & roule juſqu'au bout de la patte ; il jette la culée ſur la tête du cuir, paſſe la baguette le long du ventre & la roule juſqu'à un pied de la patte. On recommence ce travail autant de fois qu'il eſt néceſſaire pour bien ouvrir le cuir. Si le cuir eſt caſque, c'eſt-à-dire, dur, mal foulé, il demande plus d'attention pour l'ouvrir. Après ces opérations, dans leſquelles la tête du cuir étoit toujours à terre, on retourne le cuir de maniere que la culée porte ſur le travail de grenier, c'eſt-à-dire, ſur le plancher, & que la moitié antérieure, ou celle de la tête, ſoit au deſſus, pour être roulée, à ſon tour, ſur la baguette.

33. L'Ouvrier paſſe la baguette, comme auparavant, dans le milieu du cuir, & la roule avec ſes pieds juſqu'au bout de la tête : il renverſe la tête vers la culée pour la mettre ſur la baguette, ſeulement depuis la gorge, paſſe la baguette du côté du dos, & roule juſqu'au bout de la tête ; il la replie encore, paſſe la baguette du côté de la gorge & la roule juſqu'au bout de la tête, afin que les deux bords de la bande, dos & gorge, ſoient également travaillés ; il ramene la tête ſur la culée, paſſe la baguette du côté du dos & la roule juſqu'à la gorge ; il ramene la tête ſur la culée, paſſe la baguette du côté du brechet, & la roule juſqu'à la ſaignée (qui eſt au deſſous de la gorge).

34. On retourne le cuir pour mettre la fleur en dehors, & l'on recommence de la même maniere que quand la baguette étoit ſur fleur. On continue ces opérations juſqu'à ce qu'on voie le cuir aſſez ſouple & ramolli. Il y a des Ouvriers qui ſont fixés à 24 coups de baguette, c'eſt-à-dire, à ramener 24 fois une moitié ſur l'autre ; mais ce nombre ne doit être réglé que ſur l'état du cuir, ſur ſa force, ſur le temps qu'il fait : un cuir bien ſec en demande plus que celui qui conſerve un peu d'humeur.

On ne peut guere travailler ainſi que 72 bandes dans un jour, c'eſt-à-dire, 36 cuirs forts.

Le travail de premiere étant ainſi achevé, l'on peut garder les cuirs ſix mois, & même davantage ; ils gagnent même à être gardés quelque temps en pile.

35. On travaille un cuir de ſeconde, quand on veut le finir, c'eſt-à-dire, le mettre en ſuif : alors on l'expoſe au ſoleil pendant une heure, s'il n'eſt pas aſſez ſec, ou à défaut de ſoleil, on le met dans l'étuve ſur des perches, & on lui donne une petite pointe de feu en allumant du charbon ſur la grille : cela ouvre & adoucit le cuir.

Le travail de ſeconde eſt une répétition de celui que nous venons de décrire ; il ſe donne ſur chair & ſur fleur, & autant de temps que le travail de premiere, plus ou moins, ſuivant l'état où le cuir ſe trouve : alors on profite de ce de ce travail de seconde, qui a ouvert & adouci le cuir pour mettre en suif avant qu'il ait eu le temps de se raffermir.

On lit dans le Dictionaire du Commerce, que quand les cuirs ont été passés à la baguette, on leur donne, avec une brosse, une légere couche de noir d'encre, du côté de la fleur, pour le rendre grisâtre, ce qui s'appelle *la couleur de Hongrie*; mais on n'use point aujourd'hui de ce petit déguisement, qui servoit autrefois à imiter la malpropreté des cuirs venus de l'étranger, mais qui avoient de la réputation (76).

Mettre en Suif.

36. Le Suif est la partie essentielle du cuir de Hongrie, parce que la souplesse qu'il donne au cuir, est sa qualité principale. Quand les cuirs sont bien alunés, repassés & travaillés de grenier, de premiere & de seconde, il s'agit de les *passer en suif*, ou *mettre en suif*; car on dit l'un & l'autre.

On peut voir dans l'Art du Chandelier publié par M. Duhamel en 1761, tout ce qui concerne le suif, ses qualités & ses préparations. Parmi les graisses d'animaux, celle de cheval est extrêmement molle; celle de bœuf prend plus de consistence; mais elle est encore très-grasse; celles de mouton & de bouc étant fort séches & fort cassantes, servent à corriger par leur mélange, la fluidité de la graisse de bœuf.

La graisse desséchée qu'on appelle *du suif en branche*, étant coupée en petits morceaux, fondue, passée & refroidie, forme *le suif de place* que les Bouchers vendent aux Chandeliers en forme de pains hémisphériques de 5 livres & demie environ, tout ce qui est retenu par la bannate dans laquelle on passe ce suif, est mis en presse, & donne du *crêton*; on ramasse aussi le sédiment qui se précipite encore du suif déja fondu, & qu'on appelle *la boulée*; enfin on recueille *le petit suif* ou *suif de tripes*, qui est la graisse qui se fige sur le bouillon où l'on a fait cuire les tripes.

37. Tous ces suifs qui ne sont point propres à former de bonne chandelle, & qui sont presque en aussi grande quantité que le suif de place, se vendent aux Crêtonniers qui le font cuire, le purifient, & le vendent aux Corroyeurs & Hongroyeurs 25 à 30 livres le cent, c'est-à-dire, 5 à 6 sols la livre. Après que ce suif a été retiré, l'on a encore un marc ou résidu appellé *pain de crêton*, qui sert à nourrir les chiens ou les porcs, que les Amidonniers de Paris engraissent en quantité, en y joignant le son qui ne peut pas servir à l'amidon.

38. L'étuve dans laquelle on met en suif, est une chambre de six pieds de haut sur 15 pieds en quarré, exactement fermée pour pouvoir conserver la chaleur: dans un des coins, est une chaudiere de cuivre, d'environ deux pieds de diametre sur 18 à 20 pouces de profondeur, arrondie par le fond, capable de contenir environ 160 livres de suif; elle est placée sur un fourneau qui s'al-

lume par dehors, pour plus grande commodité : elle eſt repréſentée en *B*.

Au milieu de l'étuve, eſt une âte ou baſe quarrée de pierre *F*, ſur laquelle on met une grille de fer de 3 pieds en tout ſens, qu'on couvre de charbons. Des deux côtés de l'étuve, ſont de grandes tables qui en occupent toute la longueur, & ſur leſquelles on étend les cuirs pour les mettre en ſuif : on en a repréſenté une dans la Planche. Au plancher ſont les perches G où ſe mettent les cuirs pour s'échauffer. La porte de l'étuve eſt garnie de façon à empêcher l'air d'entrer. Les deux Ouvriers qui mettent en ſuif y ſont renfermés comme dans une cuve pleine d'une épaiſſe fumée de ſuif & de charbon qui brûle & qui ſuffoque ; ils ſont preſque nuds, n'ayant qu'un linge vers le milieu du corps : quelques-uns mettent ſur leur viſage un *bouche-né* : c'eſt un morceau de cuir percé de deux ou trois trous, couvert d'un gros tampon de filaſſe, au travers duquel ſe filtre l'air qu'ils reſpirent pour intercepter la vapeur épaiſſe dont cet air eſt chargé : on attache le *bouche-né* avec deux ficelles autour de la tête ; on le voit en *Z* au bas de la Planche.

39. On n'entre dans l'étuve que trois ou quatre heures après avoir mangé ; ſans cela, on courroit riſque d'y vomir ; on y eſt, en peu de temps, couvert d'une ſueur qui coule de toutes parts ; le moindre bruit étourdit & incommode ; on ne peut même entendre parler ; dès que les oreilles commencent à tinter, c'eſt une preuve que l'on eſt pris d'étuve, & il faut ſe hâter d'en ſortir.

Les petits Hongroyeurs de Province ne ſe ſervent pas d'étuve, & mettent en ſuif à plein air ; mais le cuir n'eſt point également nourri & pénétré de ſuif.

40. La vapeur incommode que cauſe cette opération, fut cauſe que les Maires & Echevins de S. Denys formerent oppoſition en 1725 aux Lettres-Patentes qu'avoient obtenues les nouveaux acquéreurs de la Manufacture de S. Denys ; ils demanderent que par l'Arrêt d'enregiſtrement, les Intéreſſés en cette Manufacture fuſſent tenus de mettre en ſuif hors de la ville ; mais l'exemple de Paris fait voir que le danger de cette opération eſt tout au plus pour ceux qui ſont dans l'étuve. Les Hongroyeurs du Fauxbourg S. Marcel, ceux du Fauxbourg S. Antoine & du Fauxbourg S. Martin n'ont point été expulſés par la Police comme des Ouvriers dangereux à leurs voiſins.

41. On met dans la chaudiere la quantité de ſuif néceſſaire à 12 ou 15 cuirs que l'on paſſe à la fois ; le ſuif qui reſte eſt ſujet à ſe noircir en repaſſant par une ſeconde cuiſſon ; d'ailleurs il diminue, & l'on n'a aucun intérêt à en mettre plus qu'il ne faut.

La chaudiere, que l'on voit en *B* dans le haut de la Planche, étant remplie de ſuif juſqu'aux trois quarts, on le laiſſe chauffer juſqu'à ce qu'en crachant dedans, il commence à pétiller un peu ; on tient auſſi en réſerve du ſuif en pains, non fondu, pour y jetter, en cas que la chaudiere fût trop chaude ; car il est dangereux que le suif ne monte & ne s'échappe de la chaudiere.

42. Tandis que le suif est en fonte, on met sur la grille de l'étuve une corbeille de charbons qu'on allume, comme il paroît en *F* dans la Planche de l'Hongroyeur. Ces corbeilles ont environ 20 pouces de diametre, & autant de hauteur.

Quand le charbon est allumé, on met en *G* sur les perches de l'étuve, 30 bandes de cuirs ordinaires qui forment une *venue* : on se contente de 24 quand elles sont très-fortes.

On place sur les perches de derriere, & vers les coins de l'étuve, les plus fortes bandes ; on met les plus foibles sur le devant ou le plus près de la table, pour être prises les premieres. Le feu de charbon est moins vif au commencement, que quand il est entiérement allumé ; ainsi les bandes les plus foibles étant mises en suif avant les autres, n'éprouvent pas la grande chaleur du charbon, non plus que celle du suif ; les plus fortes y restent plus long-temps. L'étuve est plus chaude & le suif plus pénétrant quand elles viennent à être passées à leur tour.

43. On juge qu'une bande est suffisamment échauffée quand on y voit une petite pointe de blanc qui s'étend sur le cuir en commençant par les pattes : lorsqu'on voit les pattes blanchir, on ôte les bandes de dessus les perches, en commençant par les plus foibles, qui sont placées de maniere à devoir être enlevées avant qu'on puisse prendre les fortes bandes. Si les bandes foibles avoient été mises les premieres dans l'étuve, & qu'elles se trouvassent sur les perches de derriere, on ne pourroit les retirer qu'après que les plus fortes auroient été passées, & elles se trouveroient desséchées & raccornies par le feu devenu plus ardent pendant le cours de cette *venue*.

44. Les bandes de cuirs se plient en quatre sur les perches de l'étuve ; on commence à plier la tête sur la culée ; mais en jettant sur perche la bande ainsi doublée, elle se plie encore en deux ; on observe de mettre toujours la tête & les pattes du côté du feu ; par ce moyen, la tête cache le dos qui est plié, & le garantit de la trop grande chaleur.

Lorsque les bandes sont ainsi disposées sur les perches, & le feu bien allumé, on ferme exactement l'étuve ; les cuirs jettent alors en forme de vapeur le reste de leur humidité. Au bout d'un quart-d'heure, on ouvre la porte de l'étuve pour laisser sortir cette fumée ; quand elle est un peu appaisée, on referme la porte, & on l'ouvre de nouveau un quart-d'heure après, s'il y a encore des vapeurs aqueuses dans l'étuve : quelquefois même on est obligé d'ouvrir encore une troisieme fois, parce qu'il y a des cuirs qui pleurent beaucoup, c'est-à-dire, qui jettent à leur surface beaucoup d'humidité surabondante ; cela vient sur-tout de la déliquescence du sel, quand on l'a mis, avec l'alun, en trop grande quantité (9).

45. Quand les cuirs ſont en état d'être mis en ſuif, les deux Ouvriers preſque nuds entrent dans l'étuve avec une lumiere; ils examinent toutes les bandes; ils jettent ſur la table, du côté de la chaudiere, les bandes foibles qui ſont ſur les perches de devant, la chair en l'air; ils cherchent ſucceſſivement les plus ſéches, & ils les jettent ſur la table.

On place ainſi toutes les bandes de cuirs ſur la table qui eſt auprès de la chaudiere, la fleur en deſſous, la culée vers le bord de la chaudiere, parce que cette partie qui eſt plus large & plus forte, demande plus de ſuif. Les deux Ouvriers ont chacun à la main un *gipon* tel qu'on le voit en *P* : c'eſt un paquet de groſſe laine peſant environ une livre, fait avec les penes ou extrémités des groſſes couvertures de laine, coupées d'environ un pied de long, liées enſemble, & traverſées par une poignée de bois d'environ ſix pouces.

46. L'ouvrier qui eſt près de la chaudiere, prend la bande par le milieu, & en la pliant, ramene la tête vers lui, c'eſt-à-dire, vers la culée qui eſt près de la chaudiere, & il la redouble encore en arriere; il prend du ſuif dans la chaudiere avec ſon gipon; il porte ce ſuif ſur la tête du cuir, du côté de la chair, autant de fois que le cuir paroît en avoir beſoin; alors les deux Ouvriers enſemble, avec leurs gipons, étendent ce ſuif ſur la partie de la tête, le plus promptement qu'il eſt poſſible, en relevant la partie antérieure du cuir, pour que le ſuif n'en découle pas juſqu'à terre.

47. La partie de la tête ayant aſſez de ſuif, l'Ouvrier qui eſt au bas de la table, remet la bande dans toute ſa longueur; celui qui eſt vers la chaudiere, prend du ſuif avec ſon gipon, pour en frotter la culée & le corps du cuir; l'autre Ouvrier continue à étendre auſſi le ſuif du côté de la chair, avec ſon gipon.

Lorſque la bande a reçu aſſez de ſuif ſur chair, un des Ouvriers prend la tête, & l'autre la culée; ils retournent la bande ſur la table, la fleur en haut, & ils frottent cette fleur avec les mêmes gipons qui retiennent encore un peu de ſuif, ſans en reprendre dans la chaudiere, parce que cela brûleroit la fleur.

48. La bande étant ainſi graiſſée ſur chair & ſur fleur, les deux Ouvriers la portent ſur la table qui eſt à l'autre côté de l'étuve, & l'étendent ſur cette table, la chair en l'air, en continuant de même juſqu'à la derniere bande; elles arrivent toutes ainſi ſur la ſeconde table; on les place de maniere qu'il y ait un dos du côté du feu, & l'autre du côté de la muraille alternativement.

Il faut environ une heure pour graiſſer ainſi ces 30 bandes, c'eſt-à-dire, pour faire une *venue*. Les Ouvriers ſortent alors pour prendre l'air, & pour boire, ſuivant l'uſage, après avoir mis ſur la grille une corbeille de charbons pour le flambage, qui ſera la derniere opération.

On fait quelquefois deux *venues* dans un même jour, mais ſeulement quand on eſt fort preſſé.

49. Chaque bande doit conſommer environ 3 livres de ſuif. En prenant les cuirs

les cuirs avant qu'ils ſoient bien ſecs, on peut gagner une livre ou deux ſur le poids de chaque cuir ; mais alors ils prennent moins de ſuif que s'ils étoient ſecs, & ils ſont moins bons. Les Hongroyeurs qui vendent leurs cuirs auſſi-tôt qu'ils ſont faits, le travaillent en humeur pour gagner du poids ; mais ce cuir devient mou dans la ſuite ; il diminue de poids lorſqu'il eſt gardé ; il s'étend conſidérablement par le défaut de nourriture & de ſuif.

Les cuirs travaillés dans leur humidité, ne boiroient que 4 à 5 livres de ſuif, ſouvent encore moins ; mais on compte communément, à Paris, 5 à 6 livres par cuir, l'un portant l'autre. Dans certaines Provinces où l'on ne cherche qu'à augmenter le poids du cuir, on y fait entrer juſqu'à 8 ou 10 livres de ſuif, ſans s'embarraſſer s'il en reſte un tiers à la ſurface qui ſoit en pure perte pour la bonté du cuir, & pour l'uſage de l'acheteur.

Flamber les Cuirs.

50. Les 30 bandes étant graiſſées & empilées ſur la ſeconde table, on les laiſſe pendant une demi-heure pour boire leur ſuif ; il y en a qui mettent une toile deſſus pour les garantir de la chaleur ; mais cela n'eſt pas néceſſaire, le charbon n'étant pas alors fort ardent : on a ſoin de fermer exactement l'étuve pendant qu'il s'allume.

51. Au bout d'une demi-heure tout au plus, on ouvre la porte pour laiſſer ſortir la premiere vapeur du charbon qui eſt nuiſible à la ſanté ; quand il eſt bien allumé, les deux Ouvriers entrent dans l'étuve ; ils prennent la bande la plus foible qui ſe trouve pour lors ſur la pile ; & la tenant l'un par la tête, l'autre par la queue, ils la paſſent ſur la flamme du charbon, comme on le voit en F, pendant environ une minute, la chair du côté du feu, & la fleur en haut; on les prend de même l'une après l'autre : cette chaleur ouvre les pores & les prépare à l'intromiſſion du ſuif.

52. Quand les cuirs ſont flambés, on les tranſporte ſur la table qui eſt du côté de la chaudiere, la chair en l'air ; on continue ainſi à les flamber juſqu'à la derniere bande; les plus fortes ſe flambent les dernieres, & reçoivent la plus grande chaleur du charbon, qui, pour lors, eſt devenu plus ardent qu'au commencement de l'opération.

Tous les cuirs étant entiérement étendus ſur la table, on met une toile deſſus pour cacher les dos des bandes qui ſont vis-à-vis le feu : on les laiſſe en cet état une demi-heure en été, trois quarts-d'heure en hiver ; pendant ce temps, le ſuif acheve de pénétrer entiérement dans toutes les parties du cuir.

53. Quand les cuirs ſortent de l'étuve, on les met en refroid, c'eſt-à-dire, qu'on les place ſur des perches, à l'air libre, la tête pendante d'un côté, & la culée de l'autre, la chair en l'air ; c'eſt-là que les cuirs reprennent leur fermeté,

& que le suif en se refroidissant, reprend sa consistance. La fraîcheur de la nuit est fort nécessaire, en été, pour les cuirs qui sont en refroid; c'est pourquoi l'on choisit l'après-midi pour graisser les cuirs, afin qu'étant mis sur le soir en refroid, ils aient la nuit pour se raffermir, au lieu que la chaleur du jour feroit couler le suif.

Cette précaution n'est pas nécessaire en hiver : l'heure est alors indifférente; mais on évite de mettre en suif quand il gele; & si l'on y est absolument contraint, on charge moins de suif pour qu'il ne se fige pas, au sortir de l'étuve, sur la surface du cuir.

Suite du travail des Cuirs de Hongrie.

54. LE LENDEMAIN on ôte les bandes de dessus les perches, & on les met en pile pour deux ou trois jours; après quoi on les pese, & l'on marque sur la culée, en chiffre romain, le poids de chaque bande. Un cuir de Hongrie pese ordinairement la moitié de ce qu'il pesoit en verd, quelquefois un peu plus. Il y a des cuirs de 130 livres qui, après la fabrication, en pésent 72; mais ordinairement un cuir de 100 livres produit deux bandes de 26 à 27 livres chacune : il y en a qui étant fort crottés, sur-tout en hiver, ou chargés de bourre, ne donnent que 40 liv. par cent. Le poids des bandes qui se font ordinairement à Paris, varie depuis 12 jusqu'à 28 livres; celles de 28 livres ont 9 pieds de long depuis la babine jusqu'à la nache, c'est-à-dire, de tête en queue, & 3 pieds dans l'endroit le plus large, depuis le dos jusqu'au nombril.

55. Les cuirs, après avoir été pesés, se remettent en pile pour être gardés, jusqu'à ce qu'on en fasse usage, dans un endroit qui ne soit ni trop sec ni trop humide; on peut les y laisser 5 à 6 mois, sans qu'ils perdent rien de leur qualité. M. de Rubigni ayant un cuir de 90, mis en suif depuis huit à neuf mois, qui avoit mangé son suif, qui paroissoit sec & roide, voulut le remettre en suif; mais à peine le cuir sentit la chaleur de l'étuve, que le suif en sortit & coula par dessus. Quand on l'eut remis en suif, il ne pesoit qu'une livre de plus qu'auparavant; ce qui prouve qu'en 8 mois il n'avoit rien perdu. Mais au bout d'un long-temps, les cuirs pourroient devenir plus secs & moins liants, peut-être diminuer de poids : si l'on avoit à les garder plusieurs années, il vaudroit mieux les garder en croûte au sortir de l'alun, & ne les mettre en suif que quand on en auroit besoin.

56. La fabrication du cuir de Hongrie, telle que nous l'avons détaillée, se fait ordinairement en été, dans l'espace de 15 jours; il faut 3 semaines en hiver, & même un mois ou deux, quand il y a des brouillards qui empêchent le cuir de sécher : nous avons déja observé qu'il seroit meilleur d'y employer plus de temps (4).

Dépenses & produits du Cuir de Hongrie.

57. Pour un cuir de 90 en raie, il faut 6 à 7 livres d'alun de Rome à 10 sols la livre.

	l.	f.
57. Pour un cuir de 90 en raie, il faut 6 à 7 livres d'alun de Rome à 10 sols la livre.	3 l.	0 f.
Trois livres & demie de sel à 4 f. la liv.		14
Six livres de suif à 6 f. la liv.	1	16
Charbon pour l'étuve, bois pour les chaudieres.		10
Main-d'œuvre ou salaire de l'Ouvrier.	1	0
Vin des Ouvriers, qui est d'usage, à raison de douze pintes par cent de cuirs.		2
Port du cuir frais & passé.		6
Total des frais.	7	8
Marque & contrôle pour le cuir hongroyé qui doit peser 46 livres, à raison de 2 f. par liv. suivant l'Edit que nous avons rapporté dans l'Art du Tanneur.	4	12
	12	0
Prix de l'achat, année commune, à 6 f. la liv.	27	0
Prix de la vente à 18 f. la liv.	41	8

58. Quoique le prix ordinaire du cuir de Hongrie soit de 15 à 16 sols la livre, il va souvent à 18, quelquefois même à 20 quand il est très-fort, comme le 28 ou le 30, c'est-à-dire, les bandes de 28 ou 30 livres.

Il y a bien des Provinces où un particulier peut faire hongroyer un cuir frais qui lui appartient, en donnant 5 livres pour la façon.

Un attelier de 5 à 6 Ouvriers peut fournir 1500 cuirs par année.

Ce produit de 48 sols par cuir est petit en apparence ; mais comme il peut se répéter souvent, il ne laisse pas d'être assez considérable à la fin.

Des Cuirs de Vaches & de Veaux.

59. On passe en blanc des cuirs de vaches en suivant les mêmes procédés; mais on les pele par le moyen des pleins & de la chaux, où ils séjournent environ un mois; c'est à peu-près comme pour les vaches à œuvre. (Voy. l'Art du Tanneur).

Les cuirs qui ont été dans le plein étant plus creux, plus spongieux, prennent les étoffes, c'est-à-dire, l'alun & le sel, avec plus d'avidité que les cuirs qu'on a rasés. Les eaux qui ont servi à aluner des cuirs à la chaux ne doivent point servir à ceux qui n'ont pas été dans les pleins ; on les réserve pour des cuirs de même qualité.

On alune & on repasse les vaches de la même façon que les bœufs (15).

Pour les mettre en suif, on observe de ne les laisser que peu de temps sur les perches.

60. Une vache ordinaire de 40 livres coûte année commune.	8 l.	0 f.
Trois livres d'alun à 10 f. la liv.	1	10
Deux livres de sel à 4 f. la liv.		8
Trois livres de suif à 6 f. la liv.		18
Charbon & bois.		8
Main-d'œuvre.	1	2
	12	6
Marque, à raison de 2 f. par liv. pour une vache qui pese 20 livres.	2	0
Total de la dépense.	14	6
Produit, à raison de 16 sols la livre.	16	0

Ainsi le profit n'est que de 34 sols, quelquefois encore moins. Quoique les vaches pesent ordinairement 10 livres la bande, il y en a quelquefois de 6 livres : elles ne servent guere qu'à faire certaines pieces de peu d'importance ; des fouets pour les Cochers & les Postillons, des garnitures, &c.

61. On passe rarement des veaux en blanc ; ils pesent 5 livres tout passés ; il ne leur faut qu'environ une livre d'alun, une demi-livre de sel, & une livre de suif. Les Bourreliers-Bâtiers s'en servent pour la couture.

Des Cuirs de Chevaux hongroyés.

62. Les cuirs de chevaux hongroyés s'appellent assez communément *Cuirs d'Allemagne*. On les achete des Ecarrisseurs, qui après avoir écorché les chevaux, vendent les cuirs frais environ 6 livres ; c'est le prix d'un cuir ordinaire moyen, qui doit peser 30 livres quand il est hongroyé ; mais il y en a depuis 3 jusqu'à 9 livres. Le prix se regle sur la grandeur & la qualité ; on ne les achete point au poids, parce que les Ecarrisseurs n'étant pas dans l'usage de dépouiller proprement, laissent beaucoup de chair sur le cuir ; on veut même qu'il y en ait, pour former une épaisseur sur les parties foibles du cuir ; car la criniere & la culée étant plus épaisses du double que les autres parties du cuir, on ne peut lui donner un peu d'égalité qu'en écharnant entre deux chairs, c'est-à-dire, en réservant un peu de la partie charnue ou membraneuse dans les endroits les plus minces.

63. Lorsque les cuirs de chevaux sont arrivés, on les fend en deux ; on les met ensuite dans l'eau pour les désaigner, pendant l'espace de 12 heures ; on les retire de l'eau, & on les écharne avec une faux ; on peut en écharner deux

deux ou trois par heure, s'ils ne sont pas extrêmement charnus.

64. Les cuirs écharnés se mettent dans le premier plein, qui est un plein mort, pendant un jour; on les releve & on les met en pile pour deux jours; ensuite dans le second plein, pendant deux ou trois jours; on les met en retraite pendant cinq à six jours; on les met dans le troisieme plein, ou dans le même plein, s'il est encore assez fort, pour deux ou trois jours.

Au sortir du plein, on pele les cuirs avec le couteau rond.

65. Il y en a qui mettent les cuirs déja pelés dans un bon plein, qui ne soit pas cependant trop frais, pour 7 à 8 heures: cela sert à les blanchir, ou comme on dit, à leur donner de la couleur. Cette opération est inutile suivant d'autres Hongroyeurs.

66. Pour purger de leur chaux les cuirs qui ont été dans les pleins, on les met dans la riviere, en été, pendant douze heures; en hiver, pendant vingt-quatre; on les remue de deux heures en deux heures. Quand ils sont nettoyés, on les queurse avec la pierre marquée *R* dans la Planche; on leur donne, avec le couteau rond, une façon bien serrée, sur la fleur seulement, ce qui s'appelle *recouler*; on les roule de tête en queue, & on les met égoutter sur un traiteau pendant environ six heures.

67. Après ce travail de riviere, on les alune dans des baignoires, de la même façon que les cuirs de bœufs; mais on se contente de trois eaux au lieu de quatre que demandent les cuirs de bœufs. On n'emploie souvent, pour chaque cuir, que 3 livres d'alun, & une livre & demie de sel; mais quand ils sont forts, on va jusqu'à 5 livres d'alun & 2 & demie de sel; on a soin de fouler plus long-temps, & avec plus de force, les crinieres & les culées qui sont les parties les plus épaisses.

68. Quand ils ont été alunés, on les couche dans les baquets (21); au bout de deux jours, si l'on veut, ou du moins au bout d'une semaine, on les repasse avec les mêmes eaux (22).

On comprend assez que les eaux qui ont servi aux cuirs de bœufs, peuvent bien servir aux cuirs de chevaux, vaches & ânes; mais l'étoffe de ces derniers ne doit point servir à des cuirs de bœufs que l'on rase sans le secours de la chaux (7); d'ailleurs les cuirs de chevaux épuisent, plus que tout autre, la force des eaux alunées.

69. Les cuirs de chevaux étant relevés des baquets, se mettent égoutter sur les baignoires ou sur d'autres cuves, jusqu'à ce qu'ils ne jettent plus d'eau; ensuite on les met à l'essui ou au séchoir; on les étend avec la main, parce que les chairs se crispent & font retirer le cuir; on les redresse quand ils sont à moitié secs, & qu'ils peuvent être plissés; puis on les repend jusqu'à ce qu'ils soient assez secs pour souffrir le premier travail de grenier.

70. Le travail de grenier se fait pour les chevaux comme pour les bœufs (30);

on les passe à l'étuve avant de les mettre en suif; s'ils sont déja secs, on ne les laisse qu'un quart-d'heure dans l'étuve, parce qu'ils risquent d'y être desséchés & apauvris par la chaleur; mais s'ils ne sont pas bien secs, il leur faut une demi-heure d'étuve. Les cuirs de chevaux jettent beaucoup plus d'humeur que les cuirs de bœufs, & cette vapeur est désagréable & fatiguante pour les Ouvriers.

71. On les met en suif comme d'autres cuirs; mais ils ne prennent que la moitié du suif que demande un cuir de bœuf; ils sont trop minces pour en boire beaucoup, & l'on ne fait presque que les dorer.

Les cuirs de chevaux pesent ordinairement 30 livres quand ils sont hongroyés; mais il s'en trouve de différens poids, depuis 14 jusqu'à 60 livres.

Dépenses & Produit.

72. Prix du cuir frais.	6 l.	0 f.
Trois livres d'alun à 10 f. la liv.	1	10
Une livre & demie de sel à 4 f. la liv.		6
Trois livres de suif à 6 sols la liv.		18
Prix de la chaux pour les pleins.		1
Main-d'œuvre des Ouvriers.	1	0
Vin des Ouvriers, bois & charbon.		12
Droit de marque à 1 f. par liv.	1	10
Total des frais.	11	17
Prix du cuir de 30 liv. à 9 f. la liv.	13	10

On le vend aussi quelquefois 10 f. la livre.

On passe environ 4000 chevaux en blanc, année commune, à Paris: plusieurs ne se mettent point en chaux pour être débourrés; car cela les rend plus creux, plus spongieux; mais on les rase comme ceux de bœufs; alors ils approchent davantage de ceux-ci, & souvent on les mêle avec ceux de bœufs, quoiqu'il soit défendu aux Bourreliers-Carrossiers de les mêler dans leurs soûpentes avec le cuir de bœuf; ils sont trop sujets à s'étendre & à se racornir.

73. Les cuirs d'ânes se passent aussi en blanc; mais ce sont les plus mauvais de tous les cuirs; ils sont toujours cassants, durs, corneux, difficiles à employer.

On achete 18 à 20 f. un cuir d'âne, quand il est frais; on le passe entier sans le couper en deux bandes comme les autres; il prend moitié moins d'étoffe que le cuir de cheval; il pese 6 à 7 livres quand il est passé; il se vend 7 à 8 f. la livre.

Des défauts du Cuir de Hongrie.

74. LES DÉFAUTS du cuir de Hongrie peuvent venir de la nature de la peau & de chacune des opérations de l'Hongroyeur : quant aux vices de la matiere, on peut voir l'Art du Tanneur où j'en ai parlé assez au long ; il ne me reste à parler que des défauts de fabrication.

75. Si l'on a laissé le cuir fermenter & s'échauffer, la fleur s'endommage ; elle s'enleve même avec la faulx.

Si en foulant les aluns, l'Ouvrier se néglige & se ménage (18), s'il ne donne que deux ou trois eaux, le cuir étant moins ouvert, plus dur, résistera à la baguette ; il ne prendra pas tant de suif, & il n'aura ni la force ni la souplesse dont le cuir de Hongrie est susceptible ; on y verra encore les échimoses ou taches du sang extravasé sous la peau, & des endroits durs qu'on appelle des *cornes* ; il sera foible & de moindre qualité.

Si dans le travail de grenier (30), soit *travail de premiere*, soit *travail de derniere*, on n'ouvre pas assez le cuir, il ne recevra pas le suif qui est nécessaire pour lui donner de la souplesse.

76. Si dans l'étuve le feu vient à saisir la fleur (42), le cuir sera cassant.

Si l'on met le cuir sur table (45) avant qu'il soit assez ouvert, le suif ne pénétrera pas.

Si le suif est trop froid, il n'entre pas assez ; s'il est trop chaud, il brûle la fleur : c'est ici l'opération la plus délicate de l'Hongroyeur.

Quand le cuir n'a pas été mis en suif, comme il convient, dès la premiere fois, c'est inutilement qu'on voudroit y revenir ; le suif prendroit mal, comme on en peut juger par l'expérience que j'ai rapportée (55), & le cuir se noirciroit. Il y a des Pays, comme la Flandre, la Lorraine, l'Allemagne, où l'on aime à avoir le cuir de Hongrie un peu noir. L'ancien usage étoit même de le noircir un peu (35) : sans doute qu'on vouloit imiter par-là ceux du Pays, qui avoient plus de réputation, & qui étoient cependant nourris avec du suif noir & mal purifié, ou travaillés mal proprement. Aujourd'hui l'on préfere du cuir de Hongrie qui est blanc, parce qu'il est censé fait avec plus d'attention & d'habileté, ou avec des matieres plus épurées ; & naturellement il doit être meilleur.

Des usages du Cuir de Hongrie.

77. LE PRINCIPAL usage du cuir de Hongrie est celui qu'en font les Bourreliers pour les soûpentes & les harnois. Pour faire des soûpentes, on prend du 18 ; on met 5, 6, ou 7 bandes l'une sur l'autre ; quand elles sont bâties & cousues avec du fil à dix doubles, ciré, on les *bredit*, c'est-à-

dire, qu'on les couvre avec une vache corroyée ; mais tout cela appartient à l'Art du Bourrelier.

On prend le plus fort, c'eſt-à-dire, du 30, du 33, pour les licols, pour les doſſieres, eſpeces de boucles qui reçoivent les limons d'une charrette, pour les avaloires qui environnent le cheval par derriere, & pour tout ce qui exige beaucoup de force & de ſoupleſſe.

78. Le cuir de Hongrie ſe travaille tout frais ; il n'eſt point corrompu ni attendri par la fermentation, comme les cuirs tannés; ſa fleur n'eſt point brûlée par la chaux, ni affoiblie par le gonflement qui précéde le tannage. Il y a des Selliers en Flandre & ailleurs qui ne connoiſſent pas le cuir de Hongrie ; mais ils n'en font pas mieux ; ils y ſubſtituent des cuirs tannés & corroyés qui ont paſſé par la chaux, qui n'ont point la même flexibilité, qui caſſent & durent beaucoup moins. Souvent le cuir de Hongrie, après avoir ſervi 5 à 6 ans en ſoûpente, conſerve encore preſque toute ſa force dans les endroits où le fer ne l'a pas rongé ; ce qui prouve le grand avantage de cette préparation, & ſa ſupériorité ſur toutes les autres manieres de préparer le cuir ; il faut convenir cependant que pour avoir toute ſûreté dans des équipages, il faudroit en changer les ſoûpentes tous les 2 ou 3 ans, parce que le cuir qui ſe tiraille & ſe deſſéche, perd enfin ſa flexibilité & ſa douceur.

79. On a voulu y ſubſtituer les ſoûpentes de nerf ; il y en a qui peſent 30 livres la paire ; on les paye 36 à 40 ſols la livre ; il y a encore le paſſage en huile qui eſt néceſſaire pour les nourrir, & qui coûte dix ſols par livre ; on donne enfin ſix livres pour les poſer, & malgré cela elles n'équivalent pas aux ſoûpentes de cuir de Hongrie. Ces nerfs ou plutôt ces tendons battus, peignés & filés font des cordes qui n'ont, ce me ſemble, ni l'élaſticité ni la ſoupleſſe ni la force d'un cuir naturel & entier.

80. L'article 24 des Statuts des Selliers-Lormiers de Paris, donnés en 1576, preſcrivoit déja l'uſage du cuir de Hongrie : *Les harnois des coches, charriots ou carroſſes ſeront de bon cuir fort, bien doublé de cuir de Hongrie ; & ſeront par les anneaux couſus de bon cuir de veau ; & qui fera le contraire, l'œuvre ſera arſe.* L'article 27 preſcrit également l'uſage du cuir de Hongrie.

81. L'uſage du ſuif, pour donner de la ſoupleſſe au cuir, ſe borne en France au cuir de Hongrie ; mais j'ai appris en 1765, dans les tanneries de Naples qui ſont ſur le port, vers le *Torrione del Carmine*, que l'on emploie le ſuif, même pour le cuir fort propre à faire les ſemelles ; cela l'adoucit, empêche qu'il ne ſe ſéche trop aiſément, & cela eſt utile dans un pays où le pavé eſt toujours brûlant en été, ſur-tout dans les endroits expoſés au ſoleil : ils en mettent beaucoup plus que nous ; en effet on a vu ci-deſſus (57) qu'il ſuffit de 6 liv. de ſuif pour un cuir de 44 livres ; mais à Naples, pour un cuir qui peſe 72 livres, on en met 18 de ſuif ; le ſuif revient cependant à Naples à 7 ſols la livre ; c'eſt un ſol de plus qu'à Paris.

Du Commerce des Cuirs de Hongrie.

82. Les Cuirs des Hongroyeurs de Paris sont recherchés de l'Etranger : il en passe en Suisse, en Flandre & ailleurs : ceux des Provinces sont moins estimés, parce qu'il s'y trouve quelquefois du plâtre ou du suif surabondant, qui n'a point pénétré le cuir, & qui ne sert qu'à augmenter son poids.

Tous les Tanneurs de Paris sont Hongroyeurs, c'est-à-dire, qu'ils ont droit de passer du cuir en blanc, façon de Hongrie ; mais il n'y en a que dix ou douze qui s'occupent de cette partie : ils font, année commune, huit mille cuirs de bœufs, deux mille cinq cens de chevaux, & un petit nombre de vaches.

83. Les Bourreliers de Paris ont aussi le droit de fabriquer & apprêter les cuirs de Hongrie, pour leur usage propre. Par l'article 31 de leurs Statuts enregistrés en *1666*, il est dit qu'ils pourront habiller les cuirs de Hongrie, à leur usage, & pour servir en leur métier, comme ils ont accoutumé ; ce qui prouve que, même auparavant, ils étoient en possession de fabriquer & apprêter ces sortes de cuirs ; en effet, on en voit déja quelque chose dans les Statuts de 1578. Un Arrêt du Conseil du 3 Juin 1684, rendu au rapport de M. le Pelletier Contrôleur Général des Finances, leur en confirme le droit & la possession. Cet Arrêt fut rendu conformément à l'avis de M. de la Reynie, qui y est inséré, & dans lequel on voit les motifs de la décision.

84. L'Edit du mois de Janvier 1705 occasionné par les besoins de l'Etat & la nécessité d'une guerre longue & malheureuse, suspendit le droit des Bourreliers, pour établir des Offices de Jurés-Hongroyeurs qui avoient seuls le Privilége des Cuirs de Hongrie. Ces Offices furent acquis par les Propriétaires de la Manufacture de Saint-Denys, au prix de cinquante mille écus. Ce ne fut qu'en 1715 que les Tanneurs & les Bourreliers présenterent Requête au Conseil, pour exposer qu'il étoit temps de remettre les choses dans leur premier état. Les Tanneurs offroient de donner, à 12 sols la livre, le cuir que les Privilégiés vendoient 16 sols. Ils exposoient que les Traitans avoient perçu 390000 livres jusqu'à l'année 1714 inclusivement, pour le produit de leur Privilege, & qu'ainsi on ne leur devoit aucune indemnité. On se plaignoit aussi que le Privilége de 1705 avoit donné le moyen aux Privilégiés de débiter des cuirs de mauvaise qualité. De-là, différens accidens arrivés aux équipages ; de-là, le peu de durée des soûpentes & des harnois. Enfin les Bourreliers exposoient que plusieurs fois ils avoient manqué de cuirs, soit par la négligence des Privilégiés, soit par le dessein, peut-

être formé, d'en causer l'augmentation par la rareté. Ils s'en étoient plaints plusieurs fois, & ils avoient été même obligés de faire assigner, à ce sujet, les Fermiers pardevant M. d'Argenson Lieutenant de Police.

Ce Privilége odieux fut en effet supprimé. Les Tanneurs font aujourd'hui librement le cuir de Hongrie, & les Bourreliers peuvent le faire; mais on ne voit pas, à Paris, qu'ils usent de leur droit.

RENOUVELLEMENT
DE STATUTS* ET REGLEMENS

POUR la Communauté des Maîtres Marchands Tanneurs-Hongroyeurs de la Ville & Fauxbourgs de Paris, agréés, ratifiés & homologués par Lettres-Patentes du mois de Décembre 1734, pour être suivis & exécutés par tous les Maîtres de la Communauté.

Enregistrés en Parlement le 23 Janvier 1741.

ARTICLE PREMIER.

PERSONNE ne pourra être reçu Maître Tanneur-Hongroyeur de la Ville & Banlieue de Paris, qu'il n'ait fait apprentissage, au moins cinq années, chez un des Maîtres de la Communauté, & qu'il n'ait servi depuis chez les Maîtres en qualité de compagnon, au moins deux années, & n'ait fait chef-d'œuvre en présence des Jurés & des quatre Anciens.

II.

AUCUN Maître Tanneur-Hongroyeur ne pourra avoir plus d'un Apprentif qui s'obligera par acte passé pardevant Notaires, en présence des Jurés, lequel acte sera registré sur le livre de la Communauté, dans la quinzaine, & payera ledit Apprentif la somme de 50 livres à la Communauté, non compris les droits de l'Hôpital & autres, conformément à la Déclaration du Roi, du 12 Novembre 1692.

III.

SI pendant le temps dudit Apprentissage le Maître vient à mourir, il sera permis à la Veuve, au cas qu'elle continue le Commerce, de retenir l'Apprentif chez elle, pour lui faire achever son temps; & si le Maître n'étoit que garçon ou veuf, & qu'il vînt à décéder, les Jurés auront soin de

* Nous plaçons ici ces Statuts en conséquence de la note qui est à la premiere page.

placer l'Apprentif chez un autre Maître, pour achever son temps d'apprentissage, sauf à l'Apprentif son recours contre la succession de son premier Maître, au cas qu'il l'eût payé en entier, & eu égard au temps qui défaudroit pour son apprentissage.

IV.

Lorsque l'Apprentif aura fait son temps, & qu'il aura servi les Maîtres en qualité de Compagnon, pendant deux années, il ne sera reçu Maître qu'en faisant chef-d'œuvre, ainsi qu'il est dit en l'article Ier. & en payant à la Communauté la somme de 600 liv. non compris les frais de réception, lettres de Maîtrise, & autres droits accoutumés, conformément à la susdite Déclaration.

V.

Les fils de Maîtres, dont les peres auront passé les Charges, seront reçus en payant à la Communauté 50 livres : ceux dont les peres n'auront point passé les Charges, payeront 200 livres, non compris les autres droits, le tout conformément à la Déclaration de 1692.

VI.

La Communauté continuera d'élire tous les ans, à la pluralité des voix, & en présence de M. le Procureur du Roi, en la maniere accoutumée, un Juré au lieu & place de celui qui sortira, en sorte qu'il y ait toujours deux Jurés en place.

VII.

Toutes les marchandises tannées, tant bœufs que vaches, veaux, basanes & autres, seront portées à la halle aux cuirs, pour y être vûes & visitées, marquées & vendues au plus offrant & dernier enchérisseur, à tous Marchands qui se présenteront, tant de la ville que de la campagne; & à cet effet, seront tenus les Jurés de se trouver à la halle pour visiter & marquer tant lesdites marchandises que celles qui seront apportées du dehors, sans prendre aucun droit; auront cependant les Bourreliers, les Corroyeurs & les Cordonniers de Paris, le droit de préférence & de retenue sur toutes les marchandises, en payant le même prix que celui porté par la déclaration de l'acheteur & du vendeur.

VIII.

Comme le cuir de Hongrie, dont l'usage est devenu si nécessaire & si utile au public, est d'un apprêt différent des cuirs tannés, & de nature à ne pouvoir être transporté à la halle sans l'exposer à perdre sa fleur & qualité, lesdits Jurés se transporteront chez lesdits Maîtres, au moins une fois le mois, pour faire leur visite, & examiner s'ils emploient les matieres convenables à la fabrique dudit cuir de Hongrie, comme bon alun, bon suif, bon sel, tel qu'on le distribue à la Gabelle tous les mois; & en cas de contravention, lesdites marchandises & matieres seront saisies & confisquées au profit de la Communauté.

IX.

Il ſera permis aux Bourreliers, ſuivant l'article XXXI. de leurs Statuts, de faire & fabriquer du cuir de Hongrie pour leur uſage ſeulement, ſans qu'ils puiſſent en vendre à qui que ce ſoit, ni en faire aucun commerce, à peine de confiſcation; & ſeront leſdits Jurés-Tanneurs autoriſés à faire la viſite chez leſdits Bourreliers, en prenant toutefois l'Ordonnance du Lieutenant Général de Police.

X.

Les Marchands forains ne pourront vendre pareillement les cuirs de Hongrie qu'ils améneront à Paris, que préalablement leſdits cuirs n'aient été vûs & viſités par leſdits Jurés, à peine de confiſcation, au profit de la Communauté, & de 100 livres d'amende.

XI.

Il eſt expreſſément défendu à toutes perſonnes ſans exception dans la ville de Paris, Fauxbourgs & Banlieue, Privilégiés ou prétendus tels, autres que les Maîtres Tanneurs-Hongroyeurs, de fabriquer ou faire fabriquer aucune ſorte de cuirs ſoit tannés, ſoit hongroyés; & défenſes ſont faites auxdits Maîtres Tanneurs-Hongroyeurs, ou Veuves de prêter leur nom directement ou indirectement à qui que ce ſoit, pour faire ledit Commerce, le tout à peine, contre les Contrevenans, de confiſcation, & de 100 livres d'amende.

XII.

Il eſt expreſſément défendu à tous Maîtres de la Communauté de débaucher les Compagnons les uns des autres, & nul n'en pourra prendre ſans un congé ou conſentement par écrit du Maître de chez qui le Compagnon ſera ſorti, à moins qu'il n'eût été abſent de chez ledit Maître depuis ſix mois, à peine de 100 livres de dommages & intérêts, au profit du premier Maître, 50 livres d'amende envers le Roi, & de 20 livres d'aumône au profit de l'Hôpital Général, le tout payable par le ſecond Maître, & le Compagnon ſolidairement.

XIII.

Défenses ſont faites auxdits Maîtres Tanneurs-Hongroyeurs de faire enlever aucuns cuirs provenants des abbatis des Bouchers, s'ils ne ſont bons, loyaux & marchands, ſans queues, mufles, pattes, ni os dans les têtes, conformément aux anciens Réglemens; & en cas de conteſtation, les Jurés ſeront tenus d'intervenir & prendre le fait & cauſe de la Communauté pour faire obſerver leſdits Réglemens.

XIV.

Pareilles défenſes ſont faites à tous Tanneurs, tant de cette ville de Paris que forains & étrangers, d'acheter aucuns cuirs provenants de l'abbatis d'un Boucher qui les auroit vendus à un autre par marché ferme, pour ſix mois ou un an, & dont il y auroit marché par écrit, bien & duement notifié, à peine

peine d'être responsables, solidairement avec le Boucher, de toutes pertes, dommages & intérêts; & sera permis audit cas, au Tanneur qui sera fondé en marchés, de saisir & revendiquer lesdits cuirs par-tout où il les trouvera.

XV.

Il sera à l'avenir établi & loué, aux frais de la Communauté, un Bureau dans lequel tous les Maîtres seront tenus de s'assembler selon le mandement du Juré-Comptable, pour délibérer & donner leur avis sur les affaires qui seront proposées, concernant leur Communauté, à peine de 30 sols d'amende contre les absens, s'ils ne sont empêchés par maladie, ou ne justifient d'autres excuses légitimes.

XVI.

Il y aura dans ledit Bureau un coffre ou armoire fermant à deux clefs, dont une sera remise ès mains du Juré-Comptable, & l'autre ès mains du Doyen de la Communauté, dans lequel coffre ou armoire seront renfermées toutes les piéces & titres concernant la Communauté, & dont le Juré-Comptable se chargera au bas d'un bref inventaire, pour le remettre, après son année de jurande, à celui qui sera Comptable après lui.

XVII.

Lesdits Maîtres Tanneurs-Hongroyeurs seront au surplus conservés & maintenus dans tous leurs droits, priviléges & exemptions, conformément aux anciens Edits, Déclarations, Arrêts & Lettres-Patentes qui leur ont été accordées par les Rois prédécesseurs de Sa Majesté.

Le 17 Mars 1734 les Tanneurs déclarerent pardevant Notaire qu'ils se soumettoient à l'exécution desdits Statuts, & à faire faire pareille soumission par ceux qui pourroient être admis par la suite à la Maîtrise.

Par des Lettres-Patentes données à Versailles au mois de Décembre 1734, le Roi approuva, confirma & autorisa lesdits Statuts & Réglemens; ces Lettres-Patentes furent enregistrées en Parlement le 23 Janvier 1741, comme nous le dirons ci-après.

Les Statuts que l'on vient de voir ici, quoique obtenus au mois de Mars 1734, n'ont été enregistrés que le 23 Janvier 1741, à cause des contestations qu'ils occasionnerent. Lorsque les Tanneurs eurent présenté Requête au Parlement pour en demander l'enregistrement, les Jurés de la Communauté des Bourreliers-Bâtiers-Hongroyeurs de Paris s'y opposerent, aussi-bien que les Corroyeurs. Les Bourreliers se plaignoient des défenses générales portées dans l'article XI. à toutes personnes de faire des cuirs hongroyés. Les Tanneurs par leur Requête du 21 Avril 1735, déclarerent qu'ils n'entendoient pas se servir des défenses générales contre les Bourreliers, qui en feroient pour leur usage seulement. Le 29 Décembre 1739, les Bourreliers demanderent 1°. à être maintenus dans la possession de faire la visite des cuirs à leur usage, apportés par les Marchands forains, suivant l'article II. de leurs Statuts, c'est-à-dire, des cuirs de Hongrie. 2°. Que la disposition de l'article VIII. des nouveaux Statuts des Tanneurs, portant qu'il leur sera permis de visiter les cuirs de Hongrie apportés par les Marchands forains, fût supprimée. 3°. Que la disposition de l'article IX. des nouveaux Statuts, portant que les Jurés-Tanneurs seront autorisés à faire la visite chez les Bourreliers, en prenant l'Ordonnance du Lieutenant de Police, feroit & demeureroit fupprimée comme étant contraire aux droits qui n'appartiennent qu'aux Jurés-Bourreliers d'aller en vifite chez les Maîtres de ladite Communauté des Bourreliers. Le 27 Février 1740, ils fe plaignirent encore de l'article VII. en ce que par cet article les marchandifes tannées font dites devoir être vûes & vifitées par lefdits Maîtres Tanneurs, & que les Corroyeurs & Cordonniers y ont le droit de préférence & de retenue fur lefdites marchandifes en payant le même prix que celui porté par la déclaration du vendeur & acheteur; & ils demanderent qu'il fût ajouté à l'article VII. que la vifite des marchandifes tannées feroit faite par les Jurés-Bourreliers, lefquels auroient, avec les Corroyeurs & Cordonniers, le droit de préférence & retenue.

Les Corroyeurs fe plaignirent également des défenfes générales portées dans l'article XI. mais les Tanneurs déclarerent par leur Requête du 21 Avril 1735, qu'ils n'entendoient s'en fervir contre les Corroyeurs.

Enfin les Cordonniers, par une Requête du 14 Janvier 1740, fe plaignirent de l'article VII. où il eft dit que tous les Jurés feront tenus de fe trouver à la halle pour vifiter & marquer les cuirs qui y feroient apportés, tant ceux de la ville de Paris, que ceux de dehors, fans prendre aucun droit. Ils demanderent que lefdits Statuts ne fuffent enregiftrés qu'à la charge que les droits attribués aux Jurés-Cordonniers par l'article XXXIII. des Statuts de leur Communauté pour la marque des cuirs, continueroient de leur être payés. Ils fe plaignirent auffi de l'article VIII. où il eft dit que les cuirs de Hongrie ne feront apportés à la halle, & que les Jurés fe tranfporteront une fois le mois au moins, chez les Tanneurs, pour vifiter & examiner lefdits cuirs; ils demanderent que les Tanneurs fuffent tenus de tranfporter à la halle les cuirs de Hongrie, & tous autres cuirs, pour y être vifités & marqués en la maniere accoutumée, fans que les Jurés-Cordonniers foient tenus de fe tranfporter chez eux. Sur quoi intervint Arrêt le 9 Mai 1740, par lequel la Cour, fans s'arrêter aux oppofitions formées par les Bourreliers, Corroyeurs & Cordonniers, ni à leurs demandes dont ils font déboutés; ordonne qu'il fera paffé outre, fi faire fe doit, à l'enregiftrement defdites Lettres-Patentes, à la charge que les défenfes générales exprimées par l'article XI. ne pourront regarder les Maîtres & Veuves de ladite Communauté des Bourreliers, lefquels conformément à la liberté qui leur eft accordée perfonnellement par l'article IX. pourront faire & fabriquer du cuir de Hongrie, pour leur ufage feulement, & employer conformément à l'article XXXI. de leurs Statuts, tous cuirs de bœuf, vache, veau, pourceau & tous autres cuirs, tant renvoi que marqué à faux fer, cuir de cheval tanné, que Hongrie, fans cependant que pour la fabrication du cuir de Hongrie, ils puiffent prêter leur nom directement ni indirectement, ni en faire aucun commerce, & en vendre à qui que ce foit, & auffi fans que, fous prétexte dudit article XI. l'on puiffe empêcher les Corroyeurs de travailler des cuirs tannés: fur le furplus des autres demandes, fins & conclufions, met les Parties hors de Cour, condamne lefdits Jurés & Communautés defdits Bourreliers, Corroyeurs & Cordonniers, chacun à leur égard, en tous les dépens envers lefdits Jurés & Communauté des Tanneurs-Hongroyeurs.

Le 23 Janvier 1741 lefdits Statuts furent enregiftrés avec les modifications de l'Arrêt du 9 Mai 1740.

Par un Edit du mois de Mars 1691, le Roi avoit créé & érigé en titre d'Offices héréditaires les Gardes des Corps des Marchands, & les Maîtres Jurés des Arts & Métiers. Les Maîtres Tanneurs pour être affranchis de la servitude que ces nouvelles Charges alloient leur imposer, firent offrir au Roi de payer au trésor de ses revenus casuels, la somme de 8000 livres, s'il lui plaisoit unir à leur Communauté, ces Offices de Jurés, pour être exercés par ceux qu'ils présenteroient au Roi. En conséquence il y eut une Déclaration du 12 Novembre 1692, par laquelle Sa Majesté unit & incorpora à la Communauté des Maîtres Tanneurs, les Offices de Jurés, créés pour la même Communauté. On trouve aussi dans la même Déclaration les dispositions suivantes, qui nous ont paru mériter d'être rappellées ici.

VOULONS qu'à l'avenir, conformément aux Statuts de ladite Communauté, les Brevets d'apprentissage ne puissent être faits pour moindre temps que de cinq années, qu'ils soient enregistrés par les Jurés, & que le temps dudit apprentissage ne commence à courir que du jour dudit enregistrement, pour lequel il sera payé cinquante livres; ce que le Maître qui oblige l'Apprentif sera tenu de faire dans la quinzaine du jour & date du Brevet d'apprentissage, à peine de nullité, & des dépens, dommages & intérêts de l'Apprentif. Voulons que pour la réception d'un Maître de chef-d'œuvre, après le chef-d'œuvre fait, il soit payé 600 livres; pour celle d'un fils de Maître, après l'expérience faite, 200 livres; pour celle d'un fils de Maître qui sera ou qui aura été Juré, 50 livres; & que les fils de Maîtres nés avant la Maîtrise de leur pere ne puissent être reçus qu'en payant 600 l. comme les Apprentifs, & après avoir été obligés pendant cinq ans en qualité d'Apprentifs. Voulons aussi que tous les deniers provenants desdits droits soient employés au payement des dettes de la Communauté, dont les Jurés seront tenus de rendre compte tous les ans, suivant notre Edit du mois de Mars 1691, & en la maniere accoutumée, & que tous les Maîtres qui travaillent dudit Métier, même ceux qui travaillent dans les lieux privilégiés, soient tenus de contribuer, comme les autres, au payement desdites dettes, & qu'au surplus les Statuts de la Communauté, Arrêts & Réglemens de Police soient exécutés selon leur forme & teneur.

EXPLICATION

DES FIGURES DE L'HONGROYEUR.

Haut de la Planche.

A, ACTION de celui qui travaille de riviere, & qui rase les cuirs (6).

B, Chaudiere dans laquelle fond le suif.

C, Action de celui qui roule à la baguette (30).

D, Action de celui qui prend le suif dans la chaudiere (46).

E, Action de celui qui acheve de mettre en suif; le gipon qu'il tient à la main, est celui dont on se servoit autrefois; mais celui qu'on emploie aujourd'hui est représenté en *P* au bas de la Planche, & on le passe sur le cuir fortement & avec vîtesse.

F, Feu de charbons sur lequel on flambe le cuir (51).

G, Cuirs étendus pour sécher.

Bas de la Planche.

H, CHAUDIERE qui sert à fondre le suif, ou à chauffer l'alun; car la forme de ces chaudieres est à-peu-près la même.

I, Fourneau sur lequel se place la chaudiere, avec sa cheminée.

K, Perches du travail de grenier, qui servent à soutenir l'Ouvrier.

L, Grille sur laquelle se mettent les charbons (42).

M, Ate de la grille, formée de plusieurs dalles de pierre, sur laquelle on met la grille.

N, Seau pour aluner ou encuver.

O, Baquet dont on se sert pour travailler de riviere, ou pour faire tremper les cuirs en alun (21).

P, Gipon dont on se sert pour étendre le suif (46).

Q, Couteau rond pour le travail de riviere.

R, Quiosse ou Queurse, pierre qui sert à repasser la faux de celui qui rase les cuirs.

S, Fusil dont on se sert, dans certains endroits, pour repasser la faux.

T, Table sur laquelle on met en suif (45): il faut supposer, de l'autre côté de l'étuve, une pareille table.

V, Chevalet sur lequel on travaille de riviere (7).

W, Cuve ou Baignoire pour aluner (17).

X, Forme & assemblage des cercles de certaines baignoires.

Y, Baguette pour rouler dans les cuirs (31).

Z, Bouche-né pour garantir de la vapeur (38).

FIN.

Hongroyeur

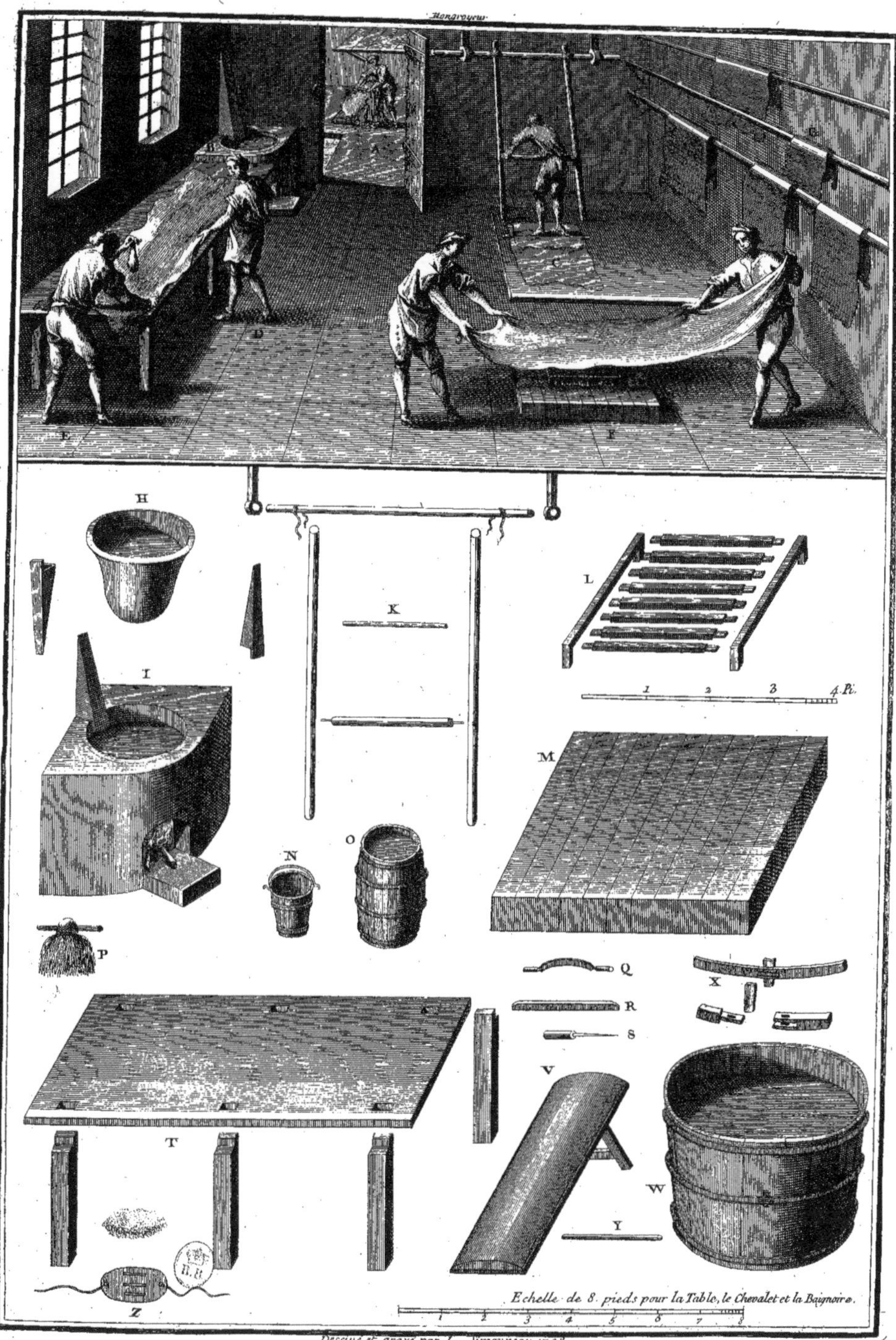

Dessiné et gravé par L. Simonneau 1708.

www.ingramcontent.com/pod-product-compliance
Ingram Content Group UK Ltd.
Pitfield, Milton Keynes, MK11 3LW, UK
UKHW012118240726
13965UKWH00005B/1820

9 782013 055444